TaliaCriticalMuse

Die Ewig Unbekannte

story.one – Life is a story

story.one

1st edition 2023

Production, design and conception:
story.one publishing - www.story.one
A brand of Storylution GmbH

Font set from Minion Pro, Lato and Merriweather.

gelehrt, inspiriert und gefestigt haben mich Prof. Dr. Neupert-Doppler und Selly Wane

ISBN: 978-3-7108-9698-9

Ich möchte hier nur einem einzigen Menschen auf dieser Welt danken - der wichtigsten Person in meinem Leben - und das ist meine Mama.
Ohne sie wäre ich nicht die, die ich bin.
Ich liebe dich! Für immer und ewig.
Bis zum Himmel und zurück!
Geht nach Hause und liebt eure Mütter. Aus ihnen und mit ihnen entsteht das pure Leben. Sie sind die wahren Hüterinnen unserer Erde und sie sind es auch, was die Welt heute dringender braucht denn je!

Every day ring's in new hopes!
Every hope ring's in new desires
and every desire ring's in a new life!
Every such thought renders a new feeling
and a good feeling defines a newer YOU.
Which means every single day by day you can be a new person!
You just have to feel good.

— my Guardian Angel J

INHALT

i understood myself
only after i destroyed myself...
and only in the process of fixing
myself,
did i know who I really was...

— unknown

die ewig Unbekannte

Wer bin ich? - diese Frage stelle ich mir selbst häufig. Ich frage dann meist nicht: *Wer bin Ich?* Sondern: *Wer bist Du?*, weil ich in solchen Momenten meist nicht bei mir bin, sondern ganz weit weg beim Du, weil mich Menschen weggetrieben haben, weg von mir selbst, hin zum Du. Denn es war immer das Du in meinem Leben, das wichtig war, nie das Ich, wobei ich das Ich doch bräuchte, um das Du zu sehen. *Wer bist Du?* - höre ich eine Stimme fragen, während ich ein Gesicht im Spiegel betrachte. Ein Gesicht, das aussieht wie Ich, aber mal wieder im Du mit mir spricht. Denn es war immer das Du in meinem Leben, das wichtig war, nie das Ich, und wenn das Ich - mein wahres Ich - doch mal wichtig war, dann nur um als ein Du - ein Ihr - ein Ihr-Anderen - wirken zu können und in solchen Momenten tat es weh Ich zu sein, weshalb mein wahrhaftiges Ich eigentlich ein wohlbehütetes Geheimnis ist.

Wer bist du, wenn du wahr bist?, könnte ich das Gesicht im Spiegel fragen, doch das traut sich mein Ich nicht, weil wahr aus Wahrheit entspringt und Wahrheit ein Spiel der Verrückten ist. Wahr könnte aber auch wahrhaftig bedeuten. *Wer bist du, wenn du wahrhaftig bist?* NACKT!!! - schreit mir eine Stimme im Spiegel entgegen. Ich will nicht nackt sein. Weder das Ich in mir, noch das Du, nicht mein wahres, noch das wahrhaftige Ich wollen nackt sein. Nackt zu sein bedeutet gesehen zu werden, da Augen gerne nackte Dinge sehen wollen und Ohren nackte Geschichten hören. Ich möchte weder das eine noch das andere - zu oft in meinem Leben wurde ich gesehen. Gesehen und für hübsch befunden. Gesehen und bewundert. Gesehen und...

Ich wurde gesehen, erhört und empfangen, doch zugegeben nie wirklich wahrlich erfahren und verstanden. Denn es war immer das Du in meinem Leben, das wichtig war, nie das Ich, wobei ich das Ich doch bräuchte, um wahrlich Ich zu sein und das auch deinen Augen und Ohren zu zeigen. Gesehen wurde ich oft in meinem Leben. Gesehen und misstrauisch beobachtet. Gesehen und verurteilt. Gesehen und präventiv dokumentiert, analysiert und gemaßregelt. Ich wurde gesehen und verfolgt, missverstanden, benutzt und doch auch zu oft für meine Lebenslage beneidet. Gesehen wurde ich oft in meinem Leben...

Gesehen und auf ganz unterschiedliche Art und Weise seelisch missbraucht - solange bis mein Ich nicht mehr ich war, sondern ausschließlich nur noch Du. Wir wissen: Es war immer das Du in meinem Leben, das wichtig war, nie das Ich, mein ganz eigenes Ich, dieses spezielle Ich, welches ich wirklich brauche, um Ich und unbeschwert zu sein. Es war immer das Du und dieses Du oder Ich oder beides - ich weiß es nicht, dieses Ding im Spiegel - dieses Gesicht, das aussieht wie ich, es starrt unentwegt über meine Augen in mich, und vergisst dabei nicht, während mein Du und das Ich zusätzlich heimlich ihre eigene Seelensprache spricht.

Wer bist du, wenn du Du bist? Wer bin ich, wenn ich Du bin? Wer bist du, wenn du ich bist? Wer bin ich, wenn dein Ich zum Du wird und Du zum Ich und Wir zum Wir?
Wer oder was sind wir dann?
~*frei,* flüstert mir eine Stimme ganz tief in meinem Herzen zu. ~*Nichts weiter als eins und frei.*
Und ich glaube, das ist die schönste Antwort auf all meine Fragen, welches mein spezielles Ich, mein wahrhaftiges Seelen-Ich, jemals hätte erhalten können. *Egal von wem.*

„I can bear any pain as long as it has meaning."

— Haruki Murakami

der unsterbliche weiße Löwe

Unsterblich bedeutet nicht immer auch zwangsläufig *nicht-tot*. Zumindest nicht in dieser Geschichte. Zugegeben: Ich würde fast alles dafür tun, dass es anders wäre, doch die Geschichte vom weißen Löwen handelt vom Tod, streng genommen sogar von ganz vielen verschiedenen Toden, welche seiner für mich initiiert hat. Es ist eine Weile her, seitdem der Tod persönlich zu uns nach Hause kam und meinen weißen Löwen für immer mit sich nahm. Noch immer finde ich kaum die passenden Worte, die ausdrücken könnten, was dieser Überfall mit uns gemacht hat. Er kam so plötzlich und aufbrausend durch die Türschwelle hinein, riss mit sich einfach alles um, was ihm im Weg stand. Wir hatten kaum die Möglichkeit zu begreifen was gerade vor unseren Augen passiert und nun sitze ich hier - auf dem verlassenen Thron des weißen Löwen - und weiß nicht, wie das Leben in dieser Welt ohne ihn weitergehen soll. Sein Tod hat mir aufgezeigt wie viel mehr sterben muss, um im Leben unsterblich werden zu können. Wenn ihr miterlebt hättet, was wir in den letzten 30 bis 45min zusammen mit ihm und dem Tod persönlich erlebt haben, ihr würdet sagen, was hatten wir für ein verdammtes Glück, das sich alles fast wie von allein so gelegt hat, wie es geschehen ist. Wäre es anders gewesen, wäre meine Mama komplett allein mit einem riesigen weißen sterbenden Löwen, der vor ihren Augen elendig erstickt, weil sein viel zu großes Herz dabei war endgültig zu versagen. Sie hätte nicht helfen können. Für mich war das alles kein Glück - Glück ist ein Spiel des Teufels - für mich ist es der unerschütterliche Beweis, dass Gott existiert und immer auf uns aufpasst - nur dank ihm sind wir trotz des Todes in unserem Haus einigermaßen unbeschadet geblieben. Dank ihm musste Joshua nicht unnötig lange leiden. Berechtigterweise ist der Tod so oft ein unwillkommener Gast im Haus, denn er bringt Chaos und Verwüstung, Schmerz und Kummer mit sich. Solltet ihr den Tod nicht kennen, wart ihr noch nie dieser Hilflosigkeit ausgesetzt und musstet nie in diesen Automatismus verfallen, in welchem man alles versucht, um dem Sterbenden den Übergang in die Anderswelt so leicht wie möglich zu machen. Ihr habt noch nie das Gesicht des Todes gesehen. Ich möchte keinen einzigen Moment vergessen, in welchem uns die Ehre zukam, ein so wunderbares Wesen wie Josh beherbergen zu dürfen - keine einzige Sekunde, doch dieses Bild als der Tod seine Hand um den Hals meines weißen Löwen legte und zudrückte - das muss ich vergessen, sonst werde ich auf Dauer daran zerbrechen und letztendlich doch wahrlich verrückt werden. Mein Kopf jedoch kann nicht einfach so vergessen - selbst heute noch verfolgen mich Kindheitserinnerungen vom Tod unseres weißen Bären, der für meine Mama das war, was für mich mein weißer Löwe. Ich muss transformieren, um vergessen zu können. Joey war ein Engel, der geschickt wurde, um meine Mama zu retten und mir eine Freude im Leben zu bereiten. Der Tod des weißen Bären hat damals viel in unserer Familie bewegt. Es wurde ein wenig weicher und mitfühlender um uns. Der Tod des schwarzen Wolfes, der meinem Bruder so lange Zeit so ein treuer Weggefährte war, hat ihn und auch uns sehr mitverändert. Johnnys Leben war außergewöhnlich lang für seine stattliche Größe, er wurde gute 16 Jahre alt, doch der Tod war ebenfalls außergewöhnlich lange zu Gast bei ihm. Das Sterben des weißen Löwen war äußerst grausam anzusehen und genau aus diesem Grund darf er nicht umsonst gewesen sein. Er war es, der mir zu diesem Buch verhalf.

„The earth is not dying, it is being killed, and those who are killing it have names and addresses."

— Utah Phillips

die unnachgiebige Tierschützerin

Ich liebe Tiere, egal welches Tier - ich liebe einfach alle. Zugegeben: Manches Getier finde ich ebenfalls unfassbar lästig, wie z.B. Insekten, aber ich weiß, dass jedes Lebewesen auf dieser Welt wichtig ist und so lasse ich Wespen Wespen sein oder Spinnen Spinnen, und deswegen gucke ich normalerweise auch unheimlich gerne Tierdokumentationen, wo einem alles über diese tollen Wesen beigebracht wird. Ich liebe es Tiere in ihrer natürlichen Umgebung zu beobachten und bin allen Forscher:innen sehr dankbar, dass sie uns mithilfe von Filmmaterial in diese andere Welt mitnehmen. *Die Wüste lebt,* war damals mein absoluter Lieblingsfilm. Ich weiß noch wie gut ich mich jedes Mal fühlte als ich vor dem Fernseher saß und mich verzaubern ließ. Heute kann ich mir keine Tierdokumentationen mehr anschauen. Selbst wenn ich nur die schönen Szenen herausfiltere, fühle ich immer eine gewisse Schwere in mir. Es ist als würde ich eine Bleischürze tragen, die meinen ganzen Körper nach unten drückt und die zudem viel zu eng um meinen Hals zugeschnürt wurde. Es fühlt sich an als würde mein ganzer Körper die Bilder vor meinem Auge ablehnen, weil er etwas weiß, was ich nicht weiß. Ich glaube daran, dass wir alle - Mensch, Tier, Pflanze - miteinander im stetigen Austausch stehen, auch wenn wir uns nicht sehen können. Wir fühlen, was um uns herum geschieht. Ich denke, mein Körper spürt die Zerstörung. Er spürt das Leid. Er spürt den Tod seiner Brüder und Schwestern. Manchmal träume ich von der Wüste, dem Dschungel oder der Savanne und wache jedes Mal schweißnass gebadet wieder auf. Nicht, weil mir heiß war, sondern weil ich Angst hatte. Ich kann dieses Phänomen schwer in Worte fassen, doch ihr Leid ist auch mein Leid. Ihr Tod ist auch mein Tod. In dieser Welt existieren so viele Atombomben und Waffen, dass man diese nicht nur einmal, nein, sondern gleich 700-mal komplett in Grund und Asche legen könnte. Unsere bisherige Welt ist am Ende, die alten Religionen und Herrschaftsapparate sind am Ende, unsere Welt war dem globalen Selbstmord noch nie so nah wie heute. Überall herrscht Krieg, Zerstörung und Chaos. Was es braucht, ist ein radikales Umdenken. Wir brauchen eine neue Einstellung zum Leben. Wir brauchen Menschen, die das Leben wertschätzen, bejahen und beschützen; eine Religion, die eine tiefe Liebesbeziehung mit dem Universum darstellt, sie wertschätzt, hegt und pflegt und nicht ständiges Wachstum propagiert. Im Körper nennt man ständiges Wachstum Krebs und unbehandelt führt dieser in den allermeisten Fällen zum sicheren Tod. Ein nuklearer Krieg wäre einem globalen Selbstmord gleichzusetzen. Es gäbe keine Verlierer, keine Gewinner — nur Tote. Eine solche Rebellion unseres Bewusstseins hat eine spirituelle Qualität — der neue Mensch wird ein universelles Bewusstsein haben und die Grundlage wird die Verbindung von Wissenschaft und Metaphysik sein, von Intelligenz und Intuition, von Wissen und Un-Wissen. Ganze Kontinente werden ihre Würde wiedererlangen. Afrika wird von vielen Menschen liebevoll 'Mama Afrika' genannt, der Schoß der Menschheit. Wir stammen alle aus ihr, sie ist unsere Mutter, doch wie sieht die Realität auf diesem Kontinent aus? Wir rauben sie aus, verstümmeln und missbrauchen sie, ermorden bereitwillig ihre Kinder und nennen dieses Vorgehen human. Reine Heuchlerei. Wir haben alle eine Stimme verdient, wenn es darum geht zu entscheiden wie wir mit unserer Mutter Erde umgehen wollen. Auch die, die nicht unsere Menschensprachen sprechen.

„Everything that irritates us about others can lead us to an understanding of ourselves.“

— Carl Jung

der vorverurteilte Parasit

Du dreckige Zecke! Ekelhafter Abschaum! Sobald ich dir den Rücken zudrehe, klaust du mir sicher mein Hab und Gut! Du missratene Diebin! Du widerlicher Parasit!

So und nicht anders denken viele Menschen über mich und mein Volk - in ihren Augen sind wir nicht mehr wert als Ungeziefer, welches beseitigt werden muss. Es tut weh sich solche Anschuldigungen anhören zu müssen, die nicht der Wahrheit entsprechen. Wir sind kein Ungeziefer - wir sind Menschen aus Fleisch und Blut. Genau wie ihr. Wir fühlen Schmerz, wir fühlen Freude, wir lieben das Leben und sind dankbar für jeden Tag auf dieser Welt. Wir lachen, tanzen, weinen und erleben die wundersamsten Geschichten der Welt. Ich will nicht behaupten, dass es überhaupt keine Polen gibt, die nicht klauen würden. Vorurteile tragen alle eine gewisse Portion Wahrheit in sich, aber nicht, weil der Lauf der Natur dies so vorgibt, sondern weil Historie und Trauma den Menschen und den Lauf der Dinge prägen. Ich bin keine polnische Diebin, und doch habe ich in meinem Leben schon mehrfach geklaut. Als Kind ein Lolli hier, ein Diddl-Blatt dort. Als Erwachsene habe ich mir angewöhnt, Menschen die mir Unrecht antun, damit zu *bestrafen* ihnen Kleinigkeiten aus ihrer Wohnung zu klauen. Ich habe etliche Trophäen zu Hause von Männern, mit denen ich das Bett geteilt habe und die mich im Anschluss daran gefühlt wie Abschaum vor die Tür gesetzt haben. Ein Feuerzeug hier, ein Räucherstäbchen da. Manchmal sogar etwas Großes wie ein Buch. Nur ein einziges Mal in meinem Leben bin ich wirklich kriminell geworden und habe meinem Stecher sogar ganze 50€ aus seiner Bauchtasche geklaut, um mir davon ein Zugticket nach Hause kaufen zu können. Der Ausflug war ein inszenierter Horrortrip, und ich bin mir bis heute nicht sicher, ob er das Geld vielleicht nicht doch absichtlich offen und leicht zugänglich für mich platziert hat, sodass ich nur zugreifen musste. Eine Art Entschuldigung an mich. Echte Diebe stehlen nicht, um sich maßlos an ihrer Beute zu bereichern, sondern lediglich um zu überleben. Für meine Seele waren diese kleinen Trophäen damals überlebenswichtig - ich hatte etwas als Gegenleistung gebraucht, um nicht an diesen Ungerechtigkeiten an mir und in dieser Welt zu zerbrechen. Das kleine Etwas in meinen Händen hat mir stets ein Gefühl von Sicherheit und wieder Genugtuung gegeben. Heute erkenne ich, dass ich mir nur selbst etwas vorgegaukelt habe, denn dieses Diebesgut hat auf Dauer nichts besser gemacht. Was ich gebraucht hätte, war Respekt und nichts anderes. Weder wir Menschen gehen respektvoll und wertschätzend miteinander um, noch behandelt uns das System wie menschliche Wesen. Ich hätte als Kind nie klauen müssen, wenn ich nicht stets das Gefühl gehabt hätte, dass die Welt da draußen uns Polen verachtet. Selbsterfüllende Prophezeiung könnte man diesen Umstand nennen. Ich bin nicht stolz über das, was ich getan habe. Wir Menschen machen alle Fehler und wer das Gegenteil von sich behauptet, der lügt. Wir Polen sind ein eigenartiges Volk, das gebe ich gerne zu, doch wir sind keine Barbaren, Verbrecher und Unmenschen. Die Einzigen in dieser Welt, die meiner Meinung nach wirklich unmenschlich sind, sind die, die von sich selbst meinen heilig, unfehlbar und allwissend zu sein. Zudem die, die lieber mit dem Finger auf andere zeigen als vor ihrer eigenen Haustür zu kehren und genau aus diesem Grund habe ich meinen Kampf nicht den Kulturen gewidmet, sondern einzig und allein dem System, seiner Hassideologien und der Huldigung falscher Götter.

„We‘re not from the left and we‘re not from the right, we‘re from the bottom and we‘re coming for those on top.“

— Tupac Amaru Shakur

die hilflose Schwester K.

Fast 10 Jahre meines Lebens habe ich als Gesundheits- und Krankenpflegerin verbracht. Es war eine wunderbare, zeitgleich sehr schmerzhafte Zeit. Geliebt habe ich alles an meinem Job - vom Händchen halten oder einer liebevollen Umarmung in Zeiten seelischer Not, bis zur Unterstützung bei der körperlichen Pflege, Versorgung von üblen Wunden oder Notfallmedizin. Psychiatrische Einsätze habe ich ebenfalls wertschätzend entgegengenommen. Ich bin in meiner Berufung förmlich aufgegangen, auch wenn es oft mehr als beschwerlich war. Ich bin trotz aller widrigen Umstände geblieben und habe jeden Tag gekämpft, solange bis es mir schließlich unmöglich gemacht wurde weiter zu bleiben. Damals entstand folgender Hilferuf meinerseits: "*Sehr geehrte Damen und Herren, ich wende mich heute an Sie, da ich nicht mehr weiterweiß und mir Hilfe von außerhalb erhoffe. Vor 5 Monaten wurde für das Pflegepersonal noch täglich von den Balkonen geklatscht und wir wurden als Helden der Gesellschaft gefeiert - heute schuldet mir mein ehemaliger Arbeitgeber mehrere Tausend Euro Gehalt, versucht alles um mir den Mund zu verbieten und nimmt aus Kostengründen weiterhin den katastrophalen Pflegezustand der Patient:innen und den mangelnden Infektionsschutz seiner Mitarbeitenden billigend in Kauf. Die Privatisierung des Gesundheitssystems hat Menschen wie meinem Arbeitgeber erst die Türen für ihre widerlichen Machenschaften geöffnet und dafür mache ich vollends die Politik verantwortlich, denn zu alledem werden diese Unternehmer auch noch durch unser Rechtssystem und unverhältnismäßige Fristen und Klauseln in Verträgen geschützt. Aus ethischen und moralischen Gründen werde ich nie wieder nur einen Handschlag in dieser Branche tätigen können, bevor sich nicht drastisch alles verändert. Jeden Tag geschehen unvorstellbare Pflegefehler durch teils überfordertes, teils unqualifiziertes Pflegepersonal und durch irrationale Entscheidungen von skrupellosen Geschäftsmännern. Mir steigen die Tränen in die Augen, wenn ich daran zurückdenke, was jeden Tag mit wehrlosen Menschen geschieht. Wenn ich daran denke, was ich tun bzw. nicht tun sollte - wie ich z.B. Angehörige anlügen und vertrösten musste, um Fehler möglichst zu vertuschen. Wenn ich daran denke, wie verzweifelt diese waren, weil sie genau wussten, dass es ihren Liebsten nicht gut geht, sie aber gleichzeitig keine Alternative hatten, da eine Versorgung allein zu Hause für sie nicht zu stemmen wäre. Vielleicht interessiert sie der Fall und sie würden gerne mehr erfahren, dann würde ich mich über eine schriftliche Antwort oder einen Anruf ihrerseits freuen. Menschen hätten niemals zu einer Ware werden dürfen, menschliches Leid niemals zu einem Druckmittel. Meiner Meinung nach ist es das mindeste, was wir tun können, kranken Menschen zumindest ein würdevolles Leben zu ermöglichen."*

Leider bekam ich nie eine Antwort, dementsprechend auch keine Hilfe. Weder von den verschiedenen Radio- und Nachrichtensendern, die ich kontaktiert habe, noch von den Gewerkschaften, auch politisch-aktive Gruppen und Menschen zeigten sich mir damals nicht solidarisch und von der Heimaufsichtsbehörde mag ich gar nicht erst anfangen zu sprechen. Wahrhaftige Solidarität mit Schwächeren funktioniert anders liebe upperclass, und weil das so ist, vertraue ich niemandem mehr. Heute weiß ich, dass die Menschen von damals dachten ich sei verrückt und wäre unterwegs auf einem Rachefeldzug. Man hatte Angst vor mir und meiner unverblümten Art. Zudem hatte ich niemanden, der dort oben für mich bürgt.

„The most painful thing is losing yourself in the process of loving someone too much, and forgetting that you are special too."

— Ernest Hemingway

die unschuldige Mörderin

Ich war mal Mutter. Für eine gewisse Zeit lang. Ich war nicht glücklich über diesen Fakt, denn das Mutter-Sein hätte mir nicht vorgeschrieben sein sollen, da ich chronisch krank bin und bedingt dadurch eigentlich unfruchtbar sein müsste. Doch ich war schwanger, d.h. Leben war in mir, welches von Tag zu Tag größer wurde. Leben, welches nach ärztlicher Prognose jedoch auf keinen Fall lebendig oder aber todkrank auf die Welt kommen würde. Je nachdem wie lange wir alle die Schwangerschaft durchgehalten hätten. Dazu gesellte sich noch der Fakt, dass der Erzeuger kein Vater und schon gar kein Papa sein wollte. Nach allem, was er mir angetan hat könnte man denken, dass man ihn nicht mal als menschlich bezeichnen dürfte. Wie hätte er dann in so kurzer Zeit väterlich zu dem Leben in meinem Bauch und gleichzeitig mütterlich zu der kranken Frau vor ihm werden sollen? Das können nur sehr starke Persönlichkeiten und er hat mir bereits bei der Zeugung schmerzlich bewiesen wie schwach und animalisch er ist. Dieser Moment fand nicht einvernehmlich statt und unter anderen Bedingungen hätten wir nie wieder nur ein einziges Wort miteinander gesprochen. Ich habe nie Anzeige erstattet. Ich wusste nicht wie ich das nennen sollte und wollte nicht darüber sprechen. Trotzdem habe ich mich oft mit der Frage herumgequält, warum ich diese Erfahrung überhaupt machen musste, wenn ich doch gar nicht fruchtbar hätte sein sollen. Zwischenzeitlich habe ich alles als schlechtes Karma oder Strafe Gottes versucht zu akzeptieren. Heute denke ich, dass ich all das erleben musste, um anderen Menschen davon erzählen zu können. Denn, die Zeugung unter Vergewaltigung war nicht das Schlimmste an dieser Mutterzeit. Auch nicht die vielen Beleidigungen im Nachhinein, wie ich sei eine Hure, eine dreckige Schlampe oder selbst Schuld. Auch nicht, dass er mir vorgeworfen hat eine skrupellose Mörderin zu sein und mir den Tod wünschte, weil ich das Leben in meinem Bauch, worum er sich nie gekümmert hätte, was jedoch seiner Meinung nach ihm gehörte ebenfalls getötet habe und man mit Mördern eben so umzugehen hat. Tot und tot gesellt sich eben gern. Doch, wenn ich ganz ehrlich sein soll tot oder nicht-tot spielte damals für mich keine große Rolle mehr. Innerlich war ich bereits tot. Gelebt habe ich nur für die Menschen um mich herum, besonders für und dank meiner geliebten Mama und für meinen Hund. Beide wären todtraurig, wenn nicht. Das Schlimmste an dieser Zeit war alles, was vor und in der Abtreibungsklinik passiert oder nicht passiert ist. Der Anblick des Wartezimmers gefüllt mit all den anderen Frauen, die aus dem gleichen Grund da waren wie ich und in deren Augen ich die gleiche Angst und Ohnmacht wahrnahm, die ich verspürte. Der Moment als ich die vielen Geldscheine vor die Arzthelferin auf ihre Arbeitstheke legte und daraufhin eine Quittung für eine Dienstleistung in die Hand gedrückt bekommen habe. Ich weiß noch heute, welche Gedanken in meinem Kopf herum schwirrten als ich auf diesen stählernen Stühlen im Wartebereich saß und darauf wartete, dass irgendeine Stimme meinen Namen aufruft. Grotesk, doch ich musste unentwegt an Schweine denken. Ich habe durch den Raum geschaut und überall Schweine gesehen. Nicht, weil wir wirklich Schweine waren - ich habe meine Entscheidung bis heute niemals bereut und ich bin mir sicher, dass jede Frau in diesem Raum genauso berechtigte Gründe hatte wie ich da zu sein - ich musste an Schweine denken, weil ich mich gefühlt habe wie eine Schlachtsau auf dem Weg zu ihrem Henker...

„At the end of the day, i'd rather be excluded for who I include, than be included for who I exclude.“

die Gläubige Feministin

Meine Mama stammt ursprünglich aus einem Land, welches frauenfeindlicher nicht sein könnte. Ihr Leben war verdammt schwer, bevor sie nach Deutschland auswanderte. Frauen werden dort im Deckmantel des Christentums entmenschlicht und entwürdigt. Die Priester und Politiker dieses Landes predigen unentwegt bedingungslose Liebe und Aufopferung, meinen jedoch absoluten Gehorsam und propagieren Leibeigenschaft, denn nichts anderes bedeutet die moderne christliche Ehe in diesem Land. Das ist der Ist-Zustand und jeder Widerstand gegen Ungerechtigkeit wird sofort im Keim erstickt. Um diese Brutalität zu erkennen, reicht es einen Blick auf die Sprache der Menschen dort zu werfen. Das Wort *kurwa* wurde so selbstverständlich in den alltäglichen Sprachgebrauch etabliert, sodass es fungiert wie ein Füllwort. *Kurwa* bedeutet übersetzt *Hure.* Alle nutzen dieses Wort unabhängig vom gesellschaftlichen Status; meist sind es Männer, doch auch Frauen werden zu Komplizinnen ihrer eigenen Dehumanisation. Mein Vater benutzt es, um seinen Kumpels zu beschreiben, wie ärgerlich es war, dass der Motor seines Autos letzte Woche komische Geräusche machte. In dieser Welt wird auf einmal alles Schlechte oder Negative zu mir persönlich; es wird ein Teil meiner Identität, weil auch ich immer wieder in meinem Leben als *kurwa*, als *Nutte, Schlampe* oder *Hure* betitelt wurde. Das ist oder war meine Heimat, ich kann es momentan nicht sagen, doch trotz all ihrer schlechten Erfahrungen, sagt meine Mama, dass sie es vor allem in ihrer Kindheit so viel leichter hatte. Deutschland hat mir als Frau andere Dimensionen der Freiheit eröffnet, als meine Mutti sich jemals nur vorzustellen vermochte. Es hat mir jedoch auch sehr viel genommen, woran es ihr damals in Polen nie gefehlt hat. Denn unter all dem Leid, den die christlichen Fundamentalisten und die Institution Kirche schändlicher weise bis heute tagtäglich verbreitet, gab es dort bislang immer eine Nische, wo all das keine Bedeutung hatte und wo der Bezug zur bloßen Existenz, zur Metaphysik, zu allen Gottheiten der Welt und der Natur im Allgemeinen ein ganz anderer war - ob diese Nische noch ist, weiß ich nicht. Metaphysik geht der Frage nach, was hinter der natürlichen Welt liegt, um das Sein zu erklären. Diese Nische, dieses Stückchen Paradies, wo alles sein darf was ist, fehlt mir hierzulande sehr. Es sind die gläubigen spirituellen Frauen, die mir fehlen. Die weisen Alten, wie es meine Mama oder meine Tanten sind. Die Frauen, die mit Kräutern und heilenden Worten Berge versetzen können und deren Glaube an die Liebe und das Gute in dieser Welt unerschütterlich ist, egal vor welche Prüfungen sie das Leben stellt. Meine Mama ist eine gläubige Christin, sie hat ihr Leben Gott gewidmet. Ein bisschen Platz für das Unmögliche ist mir dank ihr geblieben, doch hierzulande herrschen andere Narrative. Hier müsste man ihr unterstellen realitätsfern und fremdgesteuert zu sein. Extrem viele selbsternannte Feministinnen tun das auch, doch nichts dergleichen ist Fakt. Meine Mutter ist in meinen Augen eine der radikalsten emanzipierten Frauen der Welt. Wahrhaftig gläubig lebende Frauen haben längst das Göttliche in sich selbst gefunden und niemals losgelassen, egal wie schwer ihr Leben war. Ihr Glaube an sich selbst hat sie immer beschützt - niemand war in der Lage sie wirklich beherrschen zu können, da niemand es jemals ernsthaft geschafft hat ihre Würde zu zerstören. Das nenne ich Emanzipation pur und ist meines Erachtens gottesgleich. Rooaarr!! Würde unser Oma-Kind jetzt zustimmend brüllen.

„u are like my blood,
but ur white.“

— Desmond Junior

das unbeugsame Zebra

Weiße Haut. Schwarze Seele. Wenn ich gefragt werde, was mein Lieblingstier ist, antworte ich instinktiv: der Wal. Um genauer zu sein: der Blauwal. Ich bewundere diese gefühlvollen Riesen, seitdem ich denken kann. Schwimmende Engel, die in ihrem Leben hunderttausende an Kilometern hinter sich bringen. Immer allein, in diesem Meer von Einsamkeit und Stille. Sie sind groß und ausdauernd, sanftmütig und doch unberechenbar. Ein Wal wird dich nicht umbringen, obwohl er könnte - es bräuchte nur einen einzigen Schlag seiner riesigen Schwanzflosse und es wäre um dich geschehen. Der Blauwal ist eine schwimmende Majestät. Trotzdem habe ich für den Titel des Textes das Zebra gewählt. Zebras sind definitiv nicht meine Lieblingstiere. Sie erinnern mich an bissige, starrköpfige Pferde, die zu jederzeit bereit sind für ihr Leben zu rennen oder zu kämpfen. Im Krüger-Nationalpark habe ich gemeinsam mit meiner Freundin ein schwer verwundetes Zebra beobachtet. Eine riesige, blutüberströmte Wunde zierte den Oberschenkel dieses Tieres und aus der Entfernung meinten wir sogar Maden sich darin bewegen zu sehen. Ich weiß nicht, was dieses Tier zuvor erlebt haben muss, doch beeindruckender als die Wunde waren die Augen des Tieres. Sie haben die Kämpferin in ihr gezeigt. Da war etwas Glänzendes, entschlossenes und zeitgleich auch angsterfülltes in ihnen. Wale sind zwar meine Lieblingstiere, Hunde nebenbei gesagt für allezeit meine liebsten irdischen Wegbegleiter, doch Zebras sind die, die mich und mein Wesen repräsentieren. Es gab Zeiten in meinem Leben, da hat sich meine Brust ähnlich schwer verwundet angefühlt wie der Oberschenkel des Zebras und manchmal stellte ich mir auch vor wie es sich anfühlen muss, wenn Maden einen lebendig auffressen. Zudem versinnbildlichen die schwarz-weißen Streifen eines Zebras meine Herkunft und Sozialisation auf ganz stilvolle, künstlerische Art und Weise. In ihrem gewohnten Habitat sorgt ihre Streifenfärbung dafür, dass sie sich fast unsichtbar bewegen können. Sie müssen lediglich in Bewegung bleiben und das Licht- und Schattenspiel für sich spielen lassen. Ihnen bleibt jedoch immer bewusst, dass sie wachsam sein müssen, um notfalls ihr Leben retten zu können, denn Räuber sind Zebras nicht. *Weiße Haut, Schwarze Seele* waren die ersten Worte dieses Textes, bevor ich anfing über Tiere zu sprechen. Die längste Zeit meines Lebens war ich froh darüber, wie das Zebra fast unsichtbar durch das Leben gehen zu können. Oft jedoch gab es auch Zeiten, in denen ich mich am liebsten irgendwie markiert hätte, damit meine Außenwelt mich als das wahrnimmt, was ich bin. Mir ist bewusst, wie makaber dieser Wunsch war, wenn man bedenkt wie viele von uns Slawen in Auschwitz von Nazis umgebracht wurden. Wusstet ihr, dass das englische Wort *slave* von dem Begriff *Slawe* abstammt? Wenn nicht - nicht schlimm. Ein Teil in mir ist gebürtige Slawin und ich hab es auch erst vor einiger Zeit erfahren. Kali, die indische Göttin, hat davon berichtet. Sie hat auch erzählt, dass 966 als das Schicksalsjahr von Polen gilt. Sie spricht von Kulturkampf, von geschlagenen Göttinnen, vom Tod ihrer Welt und davon, dass die Weißen, die ersten waren, die kolonisiert wurden. Sie fragt dort ganz ungeniert: „*Du kennst die griechische und die römische und sogar ahnungsweise die keltische Mythologie. Aber was ist mit slawischen Überlieferungen? Komplett ausradiert.*“ Das alles beschreibt gut, warum mein Seelentier ein Zebra sein muss und kein Wal sein kann. Zebras sind eben exzellente Grenzgänger.

"It is not the brains that matter most, but that which guides them

----

the character,
the heart,
generous qualities,
progressive ideas."

— Fyodor Dostoevsky

die retraumatisierte Patientin

Bedingt durch viele Missstände in meinem Leben ging es mir eine Zeitlang sehr schlecht. Ich litt aufgrund von einer Posttraumatischen Belastungsstörung unter nächtlichen Panikattacken und Angstzuständen, sodass ich keinen Schlaf fand. Gleichzeitig fühlte ich mich jedoch komplett ausgebrannt und hätte diesen Schlaf bitter nötig gehabt. Ich litt unter so großem seelischem Schmerz, dass ich keinen anderen Ausweg sah, als mir Hilfe bei einer Psychotherapeutin zu holen. Ich war abhängig und komplett auf Hilfe von außen angewiesen. In der Praxis habe ich mich zu Anfang sehr gut aufgehoben gefühlt, die Therapeutin erschien mir sehr geerdet und naturverbunden, sodass ich entgegen meinem Wesen schnell Vertrauen zu ihr fasste und sogar gern mit ihr zusammenarbeitete. Ich öffnete mich und erzählte ihr, dass ich in meinem Leben sowohl psychischer als auch physischer und sexueller Gewalt von Männern ausgesetzt war und ich das Gefühl habe, dass mich bedingt durch eine Belastungssituation momentan meine ganze Vergangenheit einholt und endgültig in die Knie zwingt. Sie hörte sich meine Geschichten über mehrere Sitzungen an und machte sich stets Notizen. Noch nie in meinem Leben habe ich mich so gut gefühlt, weil ich dachte, endlich gesehen und verstanden zu werden. Dieses gute Gefühl verflog jedoch schnell als sie ihren Stift wegleg- te, mir mitten in die Augen sah und folgendes sagte: Achtung! TRIGGER! „Halt dich einfach von allen Schwarzen Männern fern und dann hast du keine Probleme mehr." Sie führte ihre Gedanken weiter aus und meinte, dass Sexis- mus in Deutschland nicht real wäre, da sie frü- her ohne Probleme FKK-Ausflüge machen konnte und Sexismus lediglich ein importiertes Problem sei, was man ja auch an meinem Le- benslauf ganz klar erkennen würde. Es tut mir leid, dass ich diese rassistische Scheiße repro- duziere, aber ich kann und will irgendwie auch nicht beschönigen, was diese Person gesagt hat. Ich saß vollkommen erschlagen auf meinem Stuhl, in diesem Raum, der vor meinem inne- ren Auge immer kleiner wurde, mit dieser Frau die unentwegt weiterredete, obwohl ich nur noch ein Dröhnen in meinen Ohren vernahm. Ich habe kein Wort aus mir herausbekommen. Sie hat mich mit einem einzigen Satz komplett handlungsunfähig gemacht, weil sie mir einerseits meine komplette (wenn auch verkackte) Lebensrealität abgesprochen hat; jedes einzelne Trauma, welches mein weißer Alkoholiker-Vater wissentlich oder unwissentlich verschuldet hat und auch alles, was andere weiße Männer mir angetan haben. Die, die es witzig fanden mich ungefragt an intimen Stellen anzufassen, die es toll fanden mich nach Hause zu verfolgen oder mich zu stalken, die es gut fanden mich zu beleidigen, als Hure zu betiteln und die sich nicht schämten mir den Tod zu wünschen, wenn ich mich ihnen verweigerte und Nein sagte. Gleichzeitig hat sie aber auch alle nicht-weißen Menschen in meinem Leben durch den Dreck gezogen und mich und meine Familie gleich mit. Sie hat meine Freunde beleidigt, den Mann, dem ich mein Herz geschenkt habe und die vielen Kinder, die in meinem Leben umher wuseln und es einfach nur wunderbar machen, weil sie sind, wie sie sind und ich für jedes einzelne Kind Berge erklimmen würde, um sie zu beschützen. Ich saß sehr lange stumm vor ihr, während sie weiter davon sprach, wie viel besser das Leben früher in Deutschland war als alle noch unter sich waren. Mir wurde heiß und kalt, gleichzeitig, mein Kopf drehte sich so schnell, dass mir übel wurde und das Pfeifen in meinem Kopf wurde immer unerträglicher...

„In dieser Welt existiert kein Gut oder Böse - es gibt nur Gut oder Nicht-Gut und dieses Konstrukt solltest du niemals auf die ganze Welt beziehen, sondern ausschließlich auf dich allein."

— Mama

die geprügelte Hündin

Ihr habt mir wehgetan. Immer wieder habt ihr auf mich eingeschlagen und nicht aufgehört. Ihr habt mir in die Eingeweide getreten, mich mit Steinen beworfen, mich mit leeren Versprechungen angelockt und dann wieder gewaltvoll vertrieben. Ihr habt mich geknebelt, in einen Sack gesteckt und wie im Wahn auf mich eingeschlagen. Ihr habt mich verstümmelt, missbraucht, gefoltert, bestraft. Meine qualvollen Schmerzensschreie und meine gefletschten Zähne haben euch nicht aufgehalten - ganz im Gegenteil: in euren Gesichtern sah man das triumphierende Strahlen der Überlegenheit. Das war die Bestie in euch. Ihr habt mich benutzt, um eure sadistische Seite auszuleben und was habe ich getan? Ich bin immer und immer wieder zu euch zurückgekommen. Ich habe euch immer wieder aufs Neue verziehen und habe euch trotz unzähliger blutender Wunden und gebrochener Knochen, trotz jeglicher Demütigungen, welche ihr mir zugefügt habt, zum Dank noch eure Hand geleckt, um euch zu beweisen, dass ich kein böser Hund bin. Die gleiche Hand, die nur kurz zuvor wie im Todesrausch auf mich einprügelte. Ihr habt versucht mich zu brechen und mir alles zu nehmen, was mir wichtig ist, damit ich wieder zu der werde, die ich mal war. Was ihr jedoch überseht: Die dressierte Hündin in euren Köpfen existiert nicht mehr. Sie war viel zu lange der Freiheit ausgesetzt, um an den Ort ihrer Gefangenschaft zurückkehren zu können. Jahrelang habt ihr versucht mich systematisch zu zerstören, ihr habt versucht mich langsam aber sicher umzubringen, doch Streuner sind verdammt zäh. Streuner lassen sich zudem nicht mehr an die Leine nehmen, wenn sie einmal das Gefühl echter Freiheit gekostet haben. Streuner sind Überlebenskünstler und auch genau aus diesem Grund könnt ihr mich nicht mehr zähmen geschweige denn töten. Hunde sind unfassbar mutige Lebewesen - sie legen dir bereitwillig ihr ganzes Herz offen und ungeschützt in deine Handflächen, weil sie dir vertrauen und dir das schönste Geschenk der Welt machen wollen. Mit ihrem Herzen schenken sie dir bedingungslose und unendliche Liebe. Es ist ihre Art und Weise dir ihre Stärke und ihren Mut zu zeigen. Den Mut ohne Scham und Reue durch das Leben zu gehen. Ihr habt mein Geschenk an euch entgegengenommen und mutwillig zerstört. Ihr habt mein Herz in unzählige Teile zerschnitten und mit euren langen Klauen zerquetscht, während ihr mir dabei genussvoll in die Augen geschaut habt. Ich bereue nicht euch dieses Geschenk gemacht zu haben. Ich würde mich immer wieder dafür entscheiden selbstlos wie ein Hund durch die Welt zu gehen, doch nie wieder bleibe ich länger an einem Ort, der nicht für mich bestimmt ist. Nie wieder ignoriere ich die Warnhinweise, die einen Streuner wie mich am Leben erhalten. Nie wieder. Meine Wunden werden noch eine ganze Weile brauchen, um heilen zu können. Manche werden vermutlich niemals vollständig verschwinden, manche werden unschöne Narben hinterlassen. Ihr habt mich verunstaltet, doch ihr habt es nicht geschafft mich zu töten. Ich werde diese Narben mit Stolz und in Ehren tragen, denn sie sind es, die mich jederzeit daran erinnern werden wie stark ich bin. Ich bin ein Mensch mit zwei Beinen und einem wunderschönen Namen, den mir meine Mama gab. Psychische Gewalt ist real und niemand auf dieser Welt hat es verdient schlecht behandelt zu werden. Nicht mal ein verdreckter Straßenhund. Euer vom Teufel getriebener Sadismus hat mir endgültig bewiesen, dass mein Körper unbesiegbar und meine Seele wahrlich unsterblich ist.

„Even the most realistic oeuvre constructs a reality of its own: its men and women, its objects, its landscape, its music reveal what remains unsaid, unseen, unheard, in everyday life."

— H. Marcuse

oder doch verräterische Anti-feministin?

Im Gegensatz zu allen selbsternannten Feminist:innen hat mir meine Mama jeden Tag vorgelebt was wahre Emanzipation bedeutet. Ich habe mein ganzes Leben und meine Freiheiten nur ihr und genau diesem Kampf um bedingungslose Liebe und Freiheit zu verdanken. Ohne sie wäre so vieles in meinem Leben nie möglich gewesen. Ohne sie wäre ich heute nicht mal am Leben, denn sie hat mich geboren und ihr Kampf für meine Emanzipation hat bereits an dem Tag begonnen als der Frauenarzt zu ihr sagte: *Glückwunsch! Sie bekommen ein Mädchen* — ab da war meiner Mama auch bewusst, dass dieser Kampf eigentlich längst überfällig war. Sie würde dies nicht nur für sich tun, sondern für das ihr gottgegebene Wunder. Sie schreckte auch nicht davor zurück einen bewaffneten Kampf gegen meinen Vater zu führen, sie drohte ihm nicht nur, sie bewaffnete sich auch für den Fall, dass er uns nicht in Ruhe lässt. Ich wiederhole es nur zu gerne: Diese Frau ist eine gläubige Christin und ich schwöre hiermit hoch und heilig, die nächste Person, die mir sagt, gläubige Frauen können per se nicht emanzipiert sein, weil Gott, Allah, Gaia, Kali oder sonst wer eine Rolle spielt, der schlage ich höchstpersönlich ohne zu zögern mit der geballten Faust ins Gesicht. Wir wissen alle, vor allem wir Gläubigen Frauen, dass sämtliche Gesellschaften, Kulturen, Religionen dieser Welt alle das Gleiche getan haben - sie haben die Frau zu einem Menschen zweiter Klasse gemacht. Sie verkündeten: Frauen seien das Übel der Welt und jegliche Folter, sei wegen der natürlichen Ordnung gerechtfertigt. Der Mann fing an ihre Flügel zu stutzen, sie finanziell abhängig zu halten, ihr den Zugang zu Bildung zu verwehren, er beschnitt sie in ihrer Bewegungsfreiheit und viele gingen sogar so weit ihre heiligsten Körperteile zu verstümmeln und sie damit in ihrem irdischen Weg zu Gott zu beschneiden. Ich sage: Frauen und Männer sind nicht gleich, sie sind grundverschieden. Zwei Extreme, zwei verschiedene energetische Pole. Was den einen als unrein gilt, gilt für die anderen nicht, sondern macht sie rein. Wir Frauen sind anders, ja, doch wir sind euch Männern gleichwertig. Wir denken anders, wir funktionieren anders, wir legen andere Prioritäten und hören oftmals nur auf unsere eigene Intuition.

Männer funktionieren mithilfe ihres Verstandes, sie sind in ihrem Kopf zu Hause, vergleichen Fakten und Daten; Frauen sind in ihrem Herzen zu Hause und werden auch von diesem Wissen, welches das Herz innewohnen hat, gelenkt. Man könnte hieraus lesen, dass ich sexistische patriarchale Strukturen reproduziere und meine Aussagen in Widerspruch mit dem Queer-Feminismus stehen, sogar insgesamt queerfeindlich sind, weil ich zudem nicht gendere usw., doch das ist bitte nicht meine Intention. Im Grunde spreche ich hier nicht von Frau und Mann in Form von Gender, obwohl ich beide Begriffe so nutze. Ich spreche von männlichen und weiblichen Energien, die unser Sein bestimmen, wie eine Art Yin und Yang, Eros und Thanatos. Metaphysisch gesehen ist ein jeder Mensch beides und viel mehr, denn jedes Kind wird aus einem Vater und einer Mutter geboren, aus weiblicher und männlicher Energie. Unser erleuchtetes Bewusstsein jedoch ist transzendal, d.h. weder männlich noch weiblich; wir sind, um zu sein. Meine Revolte richtet sich also auch nicht gegen den Mann, er ist nicht mein Feind. Sie richtet sich gegen unsere gemeinsame Vergangenheit. Eine solche Rebellion hat eine spirituelle Qualität und bringt den Menschen Würde und Dankbarkeit.

„It took many years of vomiting up all the filth i'd been taught about myself, and half-believed, before I was able to walk on this earth as though I had a right to be here.“

— James Baldwin

die gutgläubige Assi-Bitch

Um ehrlich zu sein habe ich mir früher nie großartig Gedanken über irgendwelche Dinge wie Rassismus, Antisemitismus, Sexismus oder andere -ismen gemacht. Ich wusste, es gibt respektvolle Menschen und es gibt „Arschlöcher" auf dieser Welt, mehr war mir damals nicht wichtig zu wissen. Ich habe mein Leben gelebt, habe Geld verdient, meine Steuern bezahlt und habe immer versucht möglichst zu der respektvollen Art Mensch zu gehören und anderen im Rahmen meiner Möglichkeiten zu helfen. Wenn politische Themen aufkamen, hat es mich eher genervt, dass *Pseudo-Gut-Menschen* mir vorschreiben wollten wie ich zu reden und zu denken habe. Ich war eine von diesen Menschen, die gesagt hat: „Ich sehe keine Hautfarben, weil mein Freundeskreis vielfältig ist". Ich habe Feminist:innen vorgeworfen selbstunsicher zu sein und dass sie ihren Frust an *normalen* Menschen auslassen wollen, weil ICH mich persönlich nicht diskriminiert fühlte. Doch die traurige Wahrheit war: Ich habe zum einen die Wirkkomplexe dahinter nicht vollends verstanden und war es im Grunde einfach nur Leid immer wieder vom gleichen Schlag Mensch gesagt zu bekommen wie wir bestimmte Menschengruppen ab jetzt wieder neu benennen können und was wir uns noch so Großartiges einfallen lassen könnten, um Veränderung bewirken zu können, die dann doch nicht umgesetzt werden kann. Ich war der Diskussion mehr als überdrüssig, denn, während meine Freunde aus gut situierten aufgeklärten Kreisen und Upperclass-Gesellschaften munter fröhlich ihre Zeit damit vergeudeten ÜBER andere Menschen zu sprechen anstatt MIT ihnen, habe ich miterlebt wie Menschen aus meinem direkten Umfeld gezwungen waren kriminell zu werden, um ihre Familien zu ernähren. Ich habe miterlebt wie unzählige Frauen tagtäglicher Gewalt ausgesetzt waren und nicht das Glück hatten am *goldenen Tisch der Wahrheiten* Platz zu nehmen. Niemand von diesen Pseudo-Intellektuellen hatte einen Hauch einer Ahnung davon, was es bedeutet an einem Ort aufzuwachsen, der dir von vornherein Zugang zu allem verwehrt, imaginäre Grenzen aufzeigt und einen in der persönlichen Entfaltung und Verwirklichung des Selbst ausbremst. Niemand von ihnen war jemals so einer Art von Gewalt ausgesetzt und von diesen Menschen wollte und will ich mir auch heute noch nichts sagen lassen, bevor nicht auch wir gehört werden und die *Stimmen der Verdammten* endlich Gehör bekommen. Der allgemeine Diskurs ist nicht vollständig und voller Doppelmoral, solange Menschen wie ich systematisch ausgegrenzt werden. Heutiges Rätsel: Polacke darf ich sagen, da ich selbst betroffen bin und alleine entscheiden darf, ob ich das Wort nutzen will oder nicht. Nach diesem Prinzip müsste ich ja eigentlich auch bedenkenlos Bitch und Hurensohn sagen dürfen, da ich eine Frau bin, doch das geht dann wieder zu weit, weil mir dann vorgeworfen wird ich wäre dumm und wüsste nicht, was ich mir selbst damit antun würde. *Joa, kann sein*, denke ich mir, aber die Asoziale in mir kann es sich leider auch nicht leisten sich dieser sprachlichen Waffe berauben zu lassen. Vielen Upperclass-Frauen ist anscheinend nicht bewusst, welch eine Macht ein gut platziertes Hurensohn in sich trägt. Oft war dies meine einzige Waffe da draußen, um aus einer sehr gefährlichen Situation flüchten zu können, denn vielen Männern sitzt die Schmach der eigenen Mutter noch so tief in den Knochen, sodass ich mir diesen Schmerz zu Nutze machen konnte. Darf ich unter diesen Umständen jetzt Hurensohn sagen oder nicht, liebe Gemeinde?

Love is patient, love is kind. It doesn't envy, it doesn't boast, it's not proud. It's not rude, it's not self-seeking, it's not easily angered, it keeps no record of wrongs.

— 1 Corinthians 13:4-8

die liebende (Nicht) Freundin

Ich habe Briefe geschrieben, um die Liebe begreifen zu können. Briefe an mich, Briefe an ihn und an sie, Briefe an das Universum. Meine Schubladen sind gefüllt mit unzähligen Briefen, die niemals empfangen wurden. Es gibt Tage, an denen vermisse ich die Liebe so sehr, dass ich keine Worte finde, die beschreiben könnten was ich fühle. In solchen Momenten möchte ich dich bei mir haben und mit dir reden. Ich möchte dich um Rat fragen und deiner Stimme lauschen. Ich möchte dich um mich haben, damit ich mich einfach nicht mehr so schrecklich einsam und verlassen fühle. So schlimm wie heute war es lange nicht mehr. Rational betrachtet dürfte ich dich jedoch nicht so sehr vermissen wie ich es in diesen Momenten tue - dafür wurde mir schlichtweg zu viel Leid angetan. Mit dir jedoch hatte ich auch das Gefühl, dass alles für den Moment federleicht wird. Ich dachte, ich hätte etwas Besonderes in dir und in uns gefunden. Ich wollte daran glauben, dass wir es zusammen schaffen können, wenn wir uns nur trauen über unseren eigenen Schatten zu springen und den anderen - Feinden, Freunden, der Gesellschaft, egal wem - den Rücken zuwenden und einfach weitermachen. Das war äußerst töricht von mir. Heute weiß ich, dass der Grund für all die Zerstörung, die unsere Verbindung mit sich gebracht hat, nicht die gegebenen Umstände waren. Wir selbst haben uns zerstört. Du und ich. Immer und immer wieder habe ich mich gefragt was diese anderen Menschen hatten, was ich nicht habe. Was da zwischen euch besser funktioniert hat als zwischen uns. Warum du dich für sie entschieden hast und gegen mich. Heute denke ich, ich begreife es langsam - immerhin hast du es mir auch immer wieder auf unterschiedliche Weise versucht verständlich zu machen. Sie sind gebunden, für dich nicht erreichbar. Sie sind ungefährlich für den Status quo in deinem Kopf. Ich hingegen hätte Arbeit bedeutet. Wenn du den Kontakt zu mir weiterhin ausgebaut hättest, wüsstest du, dass du irgendwann hättest anfangen müssen dich mit dir auseinander zu setzen. Du würdest über Dinge sprechen müssen, die du lieber weiterhin unter Verschluss halten würdest. Ich kann verstehen, dass du nicht bereit dazu bist. Es ist unangenehm sich mit seiner eigenen Vergangenheit auseinandersetzen zu müssen, wenn man doch eigentlich einfach

nur weitermachen möchte. Ich war damals bereit genau das für dich zu tun, ich habe mich dir völlig nackt gezeigt. Heute habe ich aufgehört daran zu glauben, dass du selbst oder ich oder irgendeine andere Person dir wichtig genug sein könnte, dass du dich genau das traust ebenfalls zu tun. Dank dir ist meine Vergangenheit zu einem Teil von mir verschmolzen, die ich niemals mehr ausradieren wollen würde, nur um ein weniger schmerzhaftes Leben führen zu können. Du bist die personifizierte Gestalt von Schmerz in meinem Leben und selbst dich würde ich niemals ausradieren wollen, weil ich ohne dich nicht Ich geworden wäre. Mich durch dich und deine Augen sehen zu dürfen hat mir so viel mehr geschenkt als mir der Schmerz jemals hätte wieder nehmen können. Eine Zeitlang habe ich geglaubt es wäre einfacher und klüger dich für alles was geschehen ist zu hassen. Hass war mein Ventil mit der Enttäuschung umzugehen. Es war einfacher dich zu hassen, als dich zu vermissen und darauf zu hoffen, dass alles nur ein schlechter, wahr gewordener Albtraum war. Heute ist alles anders. Heute hat Hass keinen Platz mehr in meinem Herzen und das habe ich nur dir zu verdanken.
In ewiger Liebe dafür.

„Ihr tragt keine Schuld für das,
was passiert ist,
aber ihr macht euch schuldig,
wenn es euch nicht interessiert.“

— Esther Bejarano

der rastlose Freedom Warrior

Ich habe dem Teufel bereits mit fünf Jahren tief in die Augen geschaut und weiß, welche Kleider er trägt, wie er riecht, wie er sich anfühlt und welch süße Versprechungen er einem leise ins Ohr flüstern kann, wenn man ihn lässt. Bedingt durch meine Herkunft und unsere familiäre Migrationsgeschichte haben mich die Geschichten rund um das Dritte Reich, das Konzentrationslager Auschwitz und die Auseinandersetzung mit Faschismus mein Leben lang begleitet und geprägt. Ich wollte wissen wie echte Nazis denken, leben, lachen und lieben. Ich wollte herausfinden, wie das Böse aussieht und vor wem ich mich in meiner neuen Heimat Deutschland in Acht nehmen muss. Theodor W. Adorno hat mal gesagt: "*Auschwitz fängt da an, wo einer im Schlachthof steht und denkt, es sind ja nur Tiere.*" Unzählige Deportationsstätten im Zweiten Weltkrieg waren ehemalige Schlachthöfe, wie z.B. der Erinnerungsort 'Alter Schlachthof' auf dem Hochschulgelände Düsseldorf-Derendorf, doch ein Schlachthof muss meiner Meinung nach kein echter

Schlachthof sein, um als ein solcher fungieren zu können. Auch ein Kriegsschauplatz, ein Gefangenenlager, die Balkanroute, die unendlich weite Wüste oder das Mittelmeer können aus meiner Perspektive zu gnadenlosen Schlachthöfen mutieren. Ich bin schon sehr früh zu dem Entschluss gekommen: Der Teufel ist menschlich und das Virus, mit welchem er sich verbreitet, nennt sich Faschismus. Daran gibt es für mich keinen Zweifel, denn während und nach dem Zweiten Weltkrieg wurde meinem Volk und meiner Familie gleich zweimal die Identität und jeglicher Handlungsspielraum von Faschisten genommen. Als die Deutschen in Polen einmarschiert sind, stellte man uns vor folgende Wahl: Seid ihr ab sofort Deutsche und kämpft ihr für Hitlers Reich oder sollen wir euch alle hier und jetzt auf der Stelle erschießen? Als die Roten (Anti-) Faschisten in Polen eindrangen wiederholte sich das Frage-Antwort-Spiel und man stellte uns erneut vor die Wahl: Seid ihr ab sofort Russen? Kämpft ihr ab jetzt für die kommunistische rote Partei und legt ihr euren Glauben nieder, nur um Stalin als euren einzigen Gott auf Erden zu huldigen oder wollt ihr alle jetzt und gleich sterben? Polnische Familiengeschichten sind geprägt von Identitätsverlust, Trauer, Angst, Trauma und Misstrauen, denn obwohl ihnen nach Ende des Zweiten Weltkrieges immer wieder versichert wurde, dass sie befreit worden seien, hat es sich für uns nie wie Freiheit angefühlt. Aus meiner Perspektive wurde der ganze Osten zugunsten von Frieden im Westen verraten und verkauft. In Wahrheit gab es niemals wahren Frieden zwischen den Völkern - es herrschte lediglich Waffenstillstand und der Westen konnte sich selbst vormachen, dass der Krieg endlich vorbei war. Doch das stetige Wettaufrüsten der Großmächte - USA und Russland - im Anschluss verdeutlichen diesen auf Eis gelegten Krieg sehr deutlich. Heute stehen sich nämlich beide Parteien wieder heiß gegenüber und wir sind mittendrin, versuchen nicht zu verbrennen. Fidel Castro soll vor über 30 Jahren mal gesagt haben, dass der nächste Krieg in Europa zwischen Russland und dem Faschismus stattfinden wird, nur das der Faschismus sich Demokratie nennen wird. Explosive Aussage, doch warum sonst vergleicht Hannah Arendt die jetzige Lebensrealität von *displaced persons* verursacht durch westliche Politik mit der Lebensrealität von Juden und Jüdinnen zu Hitlerszeiten? Ich bin der Meinung, es braucht eine allgemein gültige Definition von Faschismus und die kann nur hier in (Ex?)-Nazi-Deutschland erarbeitet werden.

„I was ashamed of myself
when I realized life was a
costume party;
and I attended with my real
face."

— Franz Kafka

die verlassene Möchtegern-Akademikerin

Ich studiere nun schon seit etwa elf Semestern *Soziale Arbeit - Sozialpädagogik.* Früher wusste ich nicht, dass man Zeit auch in Semester einteilen kann. Heute weiß ich nicht, ob Zeit überhaupt noch relevant ist. Ich mag mein Leben seit mir der Eintritt in die Hochschule gestattet wurde. Manchmal fühlte es sich an als lechzte mein Körper gemeinsam mit Geist nach Informationen, da beide viel zu lange hungern mussten. Ich lerne gerne, ich mache mir gerne Gedanken zu komplizierten Themen, ich diskutiere und schreibe gerne, ich mache gerne Kontroversen auf und ich provoziere unfassbar gerne. Gefühlt erlaubt der herrschende gesellschaftliche Konsens Einzelpersonen wie mir bestimmte schwierige Sachverhalte überhaupt auch nur dort anzusprechen - nirgendwo anders, andererseits gilt man als Spinner der Nation. Manchmal gilt man aber auch dort als Spinner. Ich hatte zeitweise sogar das Gefühl überall der Spinner zu sein und hätte mich manchmal selbst dafür ohrfeigen können nicht bereits meinen Bachelorabschluss oder irgendeine andere Legitimation vorweisen zu können, um wirklich in jede Faser der Information eindringen zu können und überall wirklich vollends frei sprechen zu dürfen. Denn besonders in Upperclass-Gesellschaften scheint das Motto zu gelten: *Du darfst alles, aber irgendwie auch nicht - die Referenz ist entscheidend!* Bis heute fällt es mir schwer mich in dieser Welt einzufinden. Alles dort funktioniert so anders, als in meinen früheren Leben. Upstairs ist es verpönt Menschen die eigene Meinung direkt ins Gesicht zu sagen. Ich habe mir sagen lassen: Wenn einem nicht gefällt, was jemand anderes irgendwann irgendwo mal gesagt hat, speichert man diese Kritik gedanklich ab, schreibt im Anschluss einen Artikel oder ein Buch, welches ein ähnliches Thema behandelt und packt dann dort die eigens sorgsam ausformulierte Kritik rein, damit der Beschuldigte und mit ihm die ganze Upperclass-Öffentlichkeit dann die Möglichkeit bekommt, sich in einem jeweils eigenen Statement zu dem Konflikt zu äußern und das alles zusammen nennt sich dann Anstand. Downstairs gilt es sogar als äußerst ehrlos nicht die Eier in der Hose zu besitzen jemand anderem die eigene ehrliche Meinung direkt ins Gesicht zu sagen. Man würde dich als hinterlistige

Snitch bezeichnen, wenn du es wagen würdest zu handeln wie Intellektuelle. In meiner Welt führen wir aber auch keine endlosen Monologe und nennen das dann Gespräch, sondern wenn wir miteinander reden, grätschen wir einander rein und stellen Rückfragen - ehrliche und provokante. Wir werden auch manchmal lauter, weil Gespräche durchaus hitzig werden können, doch egal wie heiß es zwischendurch wird, wir lassen das Feuer brennen - solange bis aus der Asche des Konflikts wieder etwas neues empor steigen kann. Das habe ich in der Welt der Intellektuellen selten bis nie beobachten dürfen. Manchmal habe ich das Gefühl, dass für Menschen wie mich in der Upperclass-Welt generell kein Platz ist. Oft habe ich deswegen schon mit mir selbst gerungen und darüber nachgedacht mein Studium einfach abzubrechen und wieder in die Pflege zurückzukehren, wo ich akut helfen könnte, doch gleichzeitig wollte ich noch nie etwas so ungern loslassen wie das. Noch nie hatte ich das Gefühl mit anderen zusammen so wirkmächtig werden zu können. Noch nie dachte ich: um mich herum sind Menschen, die wahrlich etwas verändern können, weil sie in dieser Welt wichtig genug sind und somit die gesellschaftliche Befugnis dazu haben. Noch nie.

„You will either step forward into growth or you will step back into safety."

— Abraham Maslow

der auferstandene Phoenix

Der Phoenix stellt ein vogelartiges Fabelwesen dar, welcher aus diversen Mythologien rund um den Globus entspringt. Es ist somit leider kein reales Tier - sein Lebensraum ist auf die spirituelle Welt begrenzt. Seine Kräfte werden mit *Barmherzigkeit, Unsterblichkeit, Tugend, Freiheit, Selbsterkenntnis, Wahrheit, Kraft, Wissen über den Tod und das ewige Leben* beschrieben. Dieser mythische Feuervogel, der sich selbst verbrennt, um im Anschluss daran aus seiner eigenen Asche wiederaufzuerstehen, symbolisiert im christlichen Sinne die Auferstehung Jesu Christi, im mythologischen Sinne einen Neuanfang für die ganze Welt. Ich durfte am 10.08. dieses Jahres zu einem dieser edlen Feuervögel werden - am selben Tag an dem mein unsterblicher weißer Löwe diese irdische Welt für immer verlassen musste. An diesem Tag sind gleich mehrere Engel gestorben und wiederauferstanden. Der Phoenix faszinierte mich bereits seit meiner frühen Jugend, doch hatte mich niemand im Vorfeld darauf vorbereitet wie schmerzhaft es ist von seinem Feuer erfasst zu werden und wie angsteinflößend es ist am lebendigen Leib verbrennen zu müssen, um neu auferstehen zu können. Du musst wortwörtlich durch die Hölle gehen und wieder zurück, um am Ende der Reise zu dir selbst finden zu dürfen. Das Feuer des Phoenix ist warm und kalt gleichzeitig, es zerreißt jede Faser deines Seins und schmilzt die Einzelteile im Anschluss wieder zusammen. Dieses Feuer ist einzigartig und kaum zu beschreiben, da es in der Lage ist Zerstörung und Heilung gleichzeitig zu schaffen. Doch du musst auch wissen, wenn am Ende des Feuers nur noch Asche von dir übrig geblieben ist, kann und wird es sehr dunkel und finster um dich herum werden. Vor dieser Dunkelheit konnte mich auch leider niemand vorwarnen. Ich hatte unheimlich große Angst als es so weit war, doch nichts auf dieser Welt hätte schlimmer oder angsteinflößender sein können als mir das bereits bekannte dunkle Verlies, in welchem mein Kopf sich jahrelang zuvor befand und es sein Zuhause nannte. Man hätte diese Kurzgeschichte auch *die ewig Betrogene* nennen können, denn nur aus diesem Grund war ich veranlasst mich bereitwillig ins Feuer zu stellen und zu einem Phoenix zu werden. Gute Freunde sind wichtig für unser geistiges Wohlbefinden, doch die falschen können wie pures Gift

wirken. Ich habe nicht mal bemerkt wie sich das Böse um mich herum eingenistet und breit gemacht hat. Ich wurde von ihr betäubt und isoliert, solange gequält bis ich mich schlussendlich freiwillig dazu entschied mich in mein eigenes Grab zu legen und nicht mehr aufzustehen. Doch auch genau dort - in dieser alles verschlingenden Dunkelheit - hat sich dann das Phoenix-Wunder ergeben. Dort unten konnte ich mich selbst von einer anderen Wahrheit überzeugen und diese ist: Ich war niemals wirklich allein, sondern stets umgeben von unzähligen nahezu unsichtbaren guten Geisterwesen, die mich in der Dunkelheit Selbstliebe lehrten, mich stark genug machten für meinen steinigen Rückweg ins Licht und mir somit meinen eigenen Selbstwert bewusst machten. Sie waren es, die mich jederzeit darin unterstützten für mich selbst und die Wahrheit einzustehen. Ich verdanke ihnen mein Leben, meinen Stolz und meine menschliche Würde - sie waren es, die mich niemals aufgegeben haben und ich werde bis zu meinem irdischen Tod niemals in Worte fassen können, wie dankbar ich ihnen bin und wie viel mir ihr Opfer bedeutet.
In eure Hände lege ich meinen Geist.
LIEBE. IMMER.

„America is stolen land - built by people who were stolen from their land."

— countless victims of oppression

die patriotische Amerika-Haterin

Eigentlich empfinde ich keinen Hass mehr in meinem Herzen. Diese Zeiten sind lange vorbei, denn Hass wirkt wie Gift in unserem Körper und dieses Gift hätte mich in der Vergangenheit fast umgebracht. Es frisst sich langsam aber stetig in jede Zelle deines Körpers, nistet sich in deine Gedanken ein und färbt deine Seele dunkel. Du bist nicht mehr in der Lage zu lachen, nicht mehr in der Lage Farben zu sehen und deine Aura wird durchlässig und trüb. Es gab Zeiten in meinem Leben, da habe alles und jeden gehasst. Am meisten jedoch mich selbst. Gehasst habe ich, weil ich Angst hatte. Hass und Angst sind Brüder im Geiste - die größten Feinde des Lebens. Doch du musst nicht gleichzeitig gegen beide kämpfen, wenn du ihnen zu entsagen versuchst. Wenn du es irgendwie schaffst lediglich die Angst aus deinem Herzen zu verbannen, verschwindet der Hass wie von allein. Das Leben hat mich stark gemacht, so stark, dass ich vor fast nichts auf der Welt mehr Angst haben muss. Fast. Eigentlich - Wörter, die ich nutze, um irgendwie beschreiben zu können, dass da trotz allen Kämpfen immer noch ein kleines bisschen Schmutz in meinem Herzen übrig geblieben ist. Ich habe keine Angst mehr allein zu sein, keine Angst vor Verurteilung, keine Angst meine Meinung zu sagen. Ich habe jedoch sehr wohl noch Angst vor einer gewissen Sache im Leben: Ich habe Angst vor der globalen Weltherrschaft und der Unberechenbarkeit eines einzigen Landes - Amerika. Und deswegen hasse ich Amerika auch so sehr. Amerika das gelobte Land, Amerika die selbsternannte Weltpolizei, Amerika das Land des Fortschritts, der Zukunft und der Träume, wo du es fast kinderleicht vom Tellerwäscher zum Millionär schaffen kannst, wenn du nur durchtrieben genug bist. Auf Protestmärschen indigener Menschenrechtsaktivist:innen habe ich folgendes Statement gelesen: *Die gefährlichsten Immigranten der Welt kamen im Jahr 1492 zu uns. Wir empfingen sie mit Neugier und Geschenken, sie schlachteten uns zum Dank ab!* Der größte Genozid der Menschheitsgeschichte fand nicht in Nazi-Deutschland statt, obwohl Hitlers Verbrechen und Grausamkeiten nicht in Worte zu fassen sind. Der größte Genozid fand auf amerikanischem Boden statt - über 100 Millionen *Native Americans* wurden von Möchtegern-Christen grausam abgeschlachtet, vergiftet und mundtot gemacht. Man pferchte sie wie Vieh zusammen und nahm ihnen alles, was sie besaßen. Sie wurden ihrer Heimat beraubt und sie verloren ihre Familien und ihr Zuhause. Das und so vieles werde ich den Amerikanern niemals verzeihen und genau deswegen werde ich auch niemals müde von meinem Hass ihnen gegenüber zu sprechen. Ich werde so lange hassen bis Amerika endlich mundtot gemacht wird. Dieses Land ist durch und durch verdorben, der herrschende Geist bis heute menschenunwürdig und die Menschen nichts weiter als gottverlassen. Dort gibt es keinen Anstand, keine Ehre, keinen wahren Patriotismus, da ihr gesamtes Lebenswerk auf einer riesengroßen Lüge basiert. Es trieft dort nur vor Heuchelei und Doppelmoral. Deshalb frage ich zynisch: Wollen wir diesen Mörderstaat wirklich weiter so gewähren lassen? Ein Land, welches seine eigenen Frauen langsam aber sicher umbringt?! In Polen und Amerika würde man mich eine Mörderin nennen, weil ich getan habe, was ich getan habe und Abtreibung dort strafbar ist. Aus geschichtsphilosophischer Perspektive gibt es nur eine Frage, die wir uns stellen müssen: *Billionaires vs. Life on Earth.* Es ist Zeit zu wählen.

TALIACRITICALMUSE

Mein Name lautet Natalie, Natalia bzw. Talia oder Talusia. Ich stecke mitten in meinen 30ern. Ich war mal Krankenschwester. Jetzt studiere ich Soziale Arbeit. Ich bin ein german child of polish economic immigrants with slavic blood of their ancestors in their veins - eine Type, die keine Ahnung hat, ob diese englische Umschreibung auf mich und mein Leben bezogen überhaupt Sinn macht. Aber egal, ich bin. Außerdem macht in dieser Welt so vieles gar keinen Sinn wie ihr wisst und trotzdem ist ein Großteil der Menschheit cool damit. Seid auch bitte cool mit mit. Meine drei literarischen Vorbilder sind die noch lebenden Autoren Paulo Coelho und Überraschung: Papst Franziskus mit denen ich zu gern einmal in einem anderen Leben Kuchen essen wollen würde. Der Dritte im Bunde ist der bereits verstorbene Herbert Marcuse, auf dessen Grabstein nur ein einziges Wort geschrieben steht: Weitermachen!